एक ही आसमान के तले

रंजना लता

आभार ज्ञापन

सर्वप्रथम हम सर्वशक्तिमान ईश्वर का धन्यवाद करना चाहते हैं व पुस्तक के प्रकाशक " बुंदेलखंड पब्लिकेशन हाउस " की बहुत बहुत आभारी हूँ। यह पुस्तक ".......''आपको प्रदान करते हुए बहुत ही सहर्ष और उत्साहित महसूस कर रही हूँ व पब्लिकेशन हाउस ने मुझपर विश्वास दर्शाया और इस पुस्तक को प्रकाशन के लिए स्वीकार किया।

क्रम-सूची

क्रम-सूची

भूमिका

लेखक की कलम से........

सर्वप्रथम हम सर्वशक्तिमान ईश्वर का धन्यवाद करना चाहते हैं व पुस्तक के प्रकाशक "बुंदेलखंड पब्लिकेशन हाऊस" की बहुत-बहुत आभारी हूँ जिन्होंने मुझ पर विश्वास दर्शाया और इस पुस्तक को प्रकाशन के लिए स्वीकार किया।प्रिय पाठक गण, मुझे यह बताते हुए अपार हर्ष हो रहा है कि,विभिन्न माध्यमों के द्वारा प्रकाशित मेरी रचनाओं पर आपकी सुखद प्रतिक्रिया हमें प्राप्त हुई हैं,आपने जिस प्रकार इन रचनाओं पर अपनी प्रतिक्रिया देकर हमें अनुगृहित किया है तथा जो स्फुरता प्रदान की है,उसने मेरे अंदर के साहस और मनोबल को बढ़ाने का कार्य किया है इसी के अंतर्गत मैंने अपनी रचनाओं का एक काव्य संग्रह "एक ही आसमान के तले" के रूप में आप लोगों के समक्ष प्रस्तुत करने का प्रयास किया है।

पावती (स्वीकृति)

प्रस्तुत काव्य संग्रह 'एक ही आसमान के तले' बुंदेलखंड पब्लिकेशन हाउस द्वारा प्रकाशित किया जा रहा है। इस संग्रह में प्रकाशित सभी लेखों एवं कविताओं का साहित्यिक चोरी की दृष्टि से परीक्षण किया गया है, किंतु फिर भी किसी प्रकार की समस्या पाए जाने पर अंतिम रूप से उत्तरदायित्व लेखक का होगा, प्रकाशक एवं संपादक इस हेतु उत्तरदायी नहीं होंगे। संपादक मंडल द्वारा पुस्तक को व्याकरण सम्मत एवं त्रुटिरहित बनाने हेतु भी अथक परिश्रम किया गया है।

आमुख

पुस्तक के बारे में

इस संग्रह में आपको देश-प्रेम, मानवीय संवेदना, सामाजिक समस्या, प्राकृतिक सौंदर्य, वैश्विक समस्या, से जुड़ी कृति आपको पढ़ने को मिलेंगी।

हम आशा करते हैं कि, आप इसे पढ़ कर आनंदित होंगे, तथा अपना प्रेम अपनी प्रतिक्रिया द्वारा हम तक पहुंचाते रहेंगे।

अनुक्रमणिका

1

बजती हैं घंटियां मंदिरों में,
    मस्जिदों में सब हैं शीश नवाये,
    होती है प्रार्थनाएं गिरजाघर में,
    गुरुद्वारों में सजते दरबार नये।
    एक ही आसमान के तले।
    कोयल की कूक बांधती समां
    उड़ते हैं पंछी पंख फैलाए,
    बारिश की बूंदों से भींगता मन,
    दिल में जगाए प्रीत नये।
    एक ही आसमान के तले।
    झर-झर-झर गिरते हैं झरने,
    कल-कल नदियां गीत सुनाये,
    सात रंगों से सजा इंद्रधनुष,
    मन के तारों को छेड़ जाये।
    एक ही आसमान के तले।
    झुकी हैं बालियां फसलों की,
    भवरें फूलों पर हैं मंडराये,
    नृत्य करती खेतों में यौवना,
    गाते हैं किसान मल्हार नये।
    एक ही आसमान के तले।
    बर्फ पर खड़ा है वीर जवान,
    देशप्रेम में सब कुछ भुलाये,
    दर्प से चमक रहा उसका माथा,
    दिल में मातृप्रेम के जज्बात नये।

एक ही आसमान के तले।
एक ही आसमां एक ही धरती,
एक ही हवा है गुनगुनाए,
फिर क्यों मानव अलग-अलग,
बनाता रहता है रीत नये।
एक ही आसमान के तले।

2

"कृषक"

मैं इस धरती का सीना चीर,
सबके लिए अन्न उपजाता हूं,
रोज एक नई सुबह के साथ,
अपनी किस्मत आजमाता हूं।
जेठ की कड़ी दुपहरी हो या,
हो पूस की कोई ठंडी रात,
हर दिन मेरे लिए एक जैसे,
और होती है एक जैसी रात,
मैं निरंतर ही बढ़ता जाता हूं,
रोज एक नई सुबह के साथ,
अपनी किस्मत आजमाता हूं।
आते हैं हर साल ही त्योहार,
होली, दिवाली, दशहरा, छठ,
होती नहीं पूरी कोई जरूरत,
अधूरे रह जाते बच्चों के हठ,
उत्साह से फसलें बो आता हूं,
रोज एक नई सुबह के साथ,
अपनी किस्मत आजमाता हूं।
मैं खेलता हूं हर रोज ही जुआ,
प्रकृति के हर पासे के साथ,
झेलता हूं आंधी-तूफानों को,

कभी सूखा तो कभी बरसात,
खेतों को बच्चों जैसे पालता हूं,
रोज एक नई सुबह के साथ,
अपनी किस्मत आजमाता हूं।

3

"बेरोजगारी एक अभिशाप"

पूछो ना उनसे हाल जीवन का,
　जिनके पास कोई रोजगार नहीं,
मारे-मारे फिरते हैं सड़कों पर,
घर में भी उनका सम्मान नहीं।
रहते हैं सदा वो बुझे-बुझे से,
जीवन को बस कंधों पर ढोते हैं,
दिन और रात उनके लिए बराबर,
पर, सबसे छुप कर वो रोते हैं,
मन की व्यथा कहें तो किससे,
इस भीड़ में भी कोई अपना नहीं,
पूछो ना उनसे हाल जीवन का,
जिनके पास कोई रोजगार नहीं।
मन की लालसा मन में ही दबाए,
कुत्सित विचारों से घिरने लगते हैं,
कुंठा हताशा और निराशाओं के,
जटिल चक्रव्यूह में फंसने लगते हैं,
फिर चलने लगते हैं उस पथ पर,
जिस पथ की कोई दिशा नहीं,
पूछो ना उनसे हाल जीवन का,

जिनके पास कोई रोजगार नहीं।

4

"हे! देश के युवा"

कहां जा रहे हो, हे देश के युवाओं,
तनिक ठहरो! और झांको अपने अंतर्मन में,
तुम्हीं हो शक्ति पुंज, इस राष्ट्र के निर्माण के,
फिर क्यों भटक रहे हो, पतित गलियों में।
यह देश देख रहा है अब तुम्हारी तरफ,
तुम ही बनोगे आजाद, शेखर और भगत,
जागो, आगे बढ़ो, बनो देश का संबल,
फिर क्यों सो रहे हो, अब तक चिरनिद्रा में।
देश के निर्माता हो, विनाश तेरा कार्य नहीं,
मातृभूमि का गौरव बनो, राह भूला राही नहीं,
राम, कृष्ण, बुद्ध की भूमि के हे वीर सपूतों,
फिर क्यों भूल रहे हो खुद को पहचानने में।
तुम चाहो तो मोड़ दो धारा नदी का,
लड़ो आलस दंभ से विवेकानंद हो इस सदी का,
हां, तुम कर सकते हो भारत का नवनिर्माण,
फिर क्यों उलझ रहे हो, व्यर्थ की बातों में।
उखाड़ फेंको उस चौसर को, जो भविष्य दांव पर लगाती है,
रुख मोड़ दो उस हवा का, जो साथ बहा ले जाती है,
सही दिशा दो उर्जा को, कि फैले चहुं ओर सुरभि,
फिर क्यूं जला रहे हो खुद को, अंगार लिये हाथों में।

5

"हे मां भारती तुमको नमन है"

हे मां भारती तु यहमको नमन है,
बारम्बार तुमको नमन है,
मरकर भी मान रखेंगे तेरी,
देते ये तुमको वचन है।
हे मां भारती तुमको नमन है।
रश्मि रथ पर सवार प्रभाकर,
लेकर हाथों में उषा की रोली,
आरती उतारे प्रति दिवस दिवाकर,
सजाकर माथे पर सतरंगी रंगोली,
देख तेरा सौंदर्य मन प्रसन्न है।
हे मां भारती तुमको नमन है।
तेरी माटी में बसी हर धर्म की सुरभि,
विविधता में एकता से अलंकृत है,
चारों वेदों की जननी हे माता,
देवों ने किया तुझे अंगीकृत है,
शीतल मंद बहती यहां पवन है।
हे मां भारती तुमको नमन है।

6

"शब्द"

"शब्द"

शब्द ही ब्रह्मांड,
शब्द ही संसार,
शब्द ही बंधन,
शब्द ही उद्धार,
शब्द ही भक्ति,
शब्द ही भाव,
शब्द ही श्रद्धा,
शब्द ही सद्भाव,
शब्द ही धरा,
शब्द ही आकाश,
शब्द ही स्नेह,
शब्द ही विश्वास,
शब्द ही दूरी,
शब्द ही रिश्ते,
शब्द ही गैर,
शब्द ही फरिश्ते,
शब्द ही घाव,
शब्द ही फूल,
शब्द ही मरहम,
शब्द ही शूल,

शब्द ही आशा,
शब्द ही अपेक्षा,
शब्द ही निराशा,
शब्द ही उपेक्षा,
शब्द ही प्रेम,
शब्द ही प्रेरणा,
शब्द ही दया,
शब्द ही करूणा।

7

"आस"

काली रातों के स्याह घेरे से,
भोर का सूरज निकलता रहे,
जीवन के हर निराशा पल से,
आस हर पल पलता रहे।
यह जीवन है तुम थकना नहीं,
वक्त के झंझावतों से डरना नहीं
उम्मीद का दीपक जलता रहे,
आज हर पल पलता रहे।
यह जीवन नदी की धारा है,
और सुख-दुख दो किनारा है,
यह जीवन यूं ही बहता रहे,
आस हर पल पलता रहे।
खुशी के हो या गम के पल,
दोनों के हाथ तू थामे चल,
सपना आंखों में सजता रहे,
आस हर पल पलता रहे।

8

"स्त्री मन"

भूमि सा होता है यह स्त्री मन,
जो देते रहो सम्मान का, खाद-पानी और धूप,
साथ ही स्नेह की बारिश से,
करते रहो सराबोर,
तो यह भूमि सोना उगलेगी,
फूल खिलाएगी,
हरी-हरी फसलों से,
घर आंगन भर जाएगी,
सब कुछ तुम्हें देकर भी,
यह सदा मुस्कुराएगी।
भूमि सा होता है यह स्त्री मन।
जो छोड़ दो इस भूमि को,
और तपने दो,
निष्ठुरता की कड़ी धूप में,
विरक्त कर दो इसे,
सम्मान के खाद-पानी से,
और स्नेह की बारिश से भी,
तो बन जाएगा,
यह मन मरुभूमि सा,
फिर कोई फूल खिल ना सकेंगे,
ना बगिया महकेगी,

ना घर-आंगन,
केवल उदासी के,
रेत ही रेत नज़र आएंगे,
जिसमें यह मरुभूमि मन,
खुद भी झुलसेगा,
और इसकी रेत तुम्हारी,
आंखों को जलाएगी।
जो कर सको तो इतना कर लो,
पुरुषत्व का दंभ छोड़,
स्त्री मन पढ़ लो,
मत बनने दो उसे मरूभूमि,
थोड़ा सा सम्मान,
थोड़ी सी स्नेह की बारिश करते रहो,
और भूमि की तरह वह,
बस तुम्हें देती ही जाएगी,
तुम हार कर भी जीत जाओगे,
और वह जीतकर भी,
अपना सब कुछ हार जाएगी।
भूमि सा होता है यह स्त्री मन।

9

"शहर"

शोर में भी मौन यह शहर,
अपनों में अजनबी यह शहर,
रोशनी से चौंधिया देती आंखें,
मन के अंधेरों से घिरा यह शहर।
किसी रिश्तों में मिठास नहीं है,
अपनेपन का एहसास नहीं है,
मेले में ढूंढ रहा हर कोई अपना,
भीड़ में भी तन्हा यह शहर।
बढ़ रही दूरियां, छूट रहे अपने,
सब लगे हैं पूरा करने में सपने,
नहीं किसी को किसी की परवा,
अपनों में ढूंढे अपना यह शहर।
कई मुखौटे अपने चेहरे पर लगाएं,
खुद से ही अपनी पहचान छुपाए,
तलाश रहा मन का कोई कोना,
क्षण भर ठहरे भागता यह शहर।

10

"आज का भारत"

सत्य, असत्य की कशमकश में,
देखो, आज फंसा है भारत,
देख भी रहा है, सुन भी रहा है,
फिर भी मौन खड़ा है भारत।
किससे कहें सब यहां उलझे हैं,
मैं और मैं की चक्रव्यूह में फंसे हैं,
कौन तोड़ेगा स्वार्थ के चक्रव्यूह को,
उस अभिमन्यु को खोज रहा है भारत।
धूमिल हो रहा राष्ट्र का गौरव,
अब कौन बिखेरे प्रेम पुष्प का सौरभ,
लोकतंत्र की परिभाषा बदल रही हैं,
बस लेन-देन का बाजार बना है भारत।
कोई लुट रहा, कोई लूट रहा है,
मां का आंचल, पुत्र से छूट रहा है,
जिन आंखों में बसे रामराज्य का सपना,
उस गांधी को ढूंढ रहा है भारत।
ऐसा नहीं कि मातृभूमि से प्रेम नहीं,
हर दिल देश प्रेम से लबरेज नहीं,
जो फूंक दे शांति, सौहार्द का बिगुल,
उस कृष्ण को पुकार रहा है भारत।

11

"बसंत"

खिल उठी फिर से वसुंधरा,
यौवन का विस्तार हुआ,
डाली-डाली खिले सुमन,
प्रकृति ने श्रृंगार किया।
शीत ऋतु की शीतलहर से,
सहमी थी तरु की तरुणाई,
पाकर रवि की रश्मि को,
नव चेतना का संचार हुआ।
खेतों में लगी पीली सरसों,
लगती धरा की बिंदी सी,
सिंदूर लगे सूरज की लाली,
दुल्हन सी धरा का सत्कार हुआ।
नीड़ में सोए पंछी चहके,
भवरों का मन फिर से बहके,
नीरव नैना खोजे पी को,
बसंत का जब दीदार हुआ।

12

"मैं नदी हूं एक प्यासी'

मैं नदी हूं इक प्यासी, समंदर नहीं हूं मैं,
बहती सदा रहती हूं, ठहरी नहीं हूं मैं।
डरते हो क्यूं मुहब्बत से, ये तो है एक इबादत,
पुकार लो तुम मुझको, कहीं गई नहीं हूं मैं।
करोगे याद मुझको, कि जब तक चलेगी सांसें,
जो भूल जाओ मुझको, वो किस्सा नहीं हूं मैं।
जो टूटे हुए हो तुम तो, मैं भी हूं थोड़ी बिखरी,
दिल मेरे पास भी है, कोई पत्थर नहीं हूं मैं।
समझा सके जो "लता" को, कोई बात ऐसी कह दो,
जो तेरी नहीं हुई तो फिर, किसी की नहीं हूं मैं।

13

सामने मेरे तेरी तस्वीर है,
    अब तेरी तस्वीर ही तकदीर है।
    तुम जो आओ बदल जाए मौसम,
    वरना जीवन में तो रह गई पीर है।
    कितने सालों से तुम्हें देखा नहीं,
    अब तो आंखों की भी सूखी नीर है।
    है अधूरी जिंदगी अब तेरे बिन,
    जैसे रांझा बिन अधूरी हीर है।
    उठते तो हैं पर नहीं बढ़ते कदम,
    जैसे पैरों में बंधी जंजीर है।

14

यह कौन सी कुरीति है समाज का,
जो सदियों से चला आया है,
अंधेरा छा गया जिस जीवन में,
उस आंगन रौशनी झिलमिलाया है।
पुत्र का भविष्य है संकट में,
रोटी की समस्या आन पड़ी है,
अब कैसे ब्याही जाएगी बेटी,
मुश्किलों की यह अजब घड़ी है,
इस चिंता में एक और भी चिंता,
मृत्यु भोज के रूप में आया है,
अंधेरा छा गया जिस जीवन में,
उस आंगन रौशनी झिलमिलाया है।

15

" किस्मत "

पड़ गए उन सबके पैरों में छाले,
जिन पांवों ने धरती को छुआ नहीं,
किस्मत ने खेल ऐसा खेला कि,
वह सब हुआ जो कभी हुआ नहीं।
जिनके दान के चर्चे तीनों लोकों में फैले,
आज भिक्षु बन द्वार-द्वार भटक रहे हैं,
हम मानव भला क्या लड़ें किस्मत से,
जब विधाता का लेख ईश्वर से मिटा नहीं।
हाथों की लकीरों में सिमटी है जिंदगी,
किस्मत के हाथों की हम कठपुतली हैं,
कोई सो रहा मखमली बिस्तर की गोद में,
कोई पसीना बहाकर भी रोटी पाया नहीं।

16

"धरती का स्वर्ग"

स्वर्ग तो हमने नहीं देखा,
पर देखा है मां का आंचल,
जहां बसती ममता की सुरभि,
स्नेह का उमड़ता है बादल।
लोरी में संगीत के सातों सुर,
लय और ताल मां की थपकी में,
चांद भी नजरें चुराता है मुझसे,
मां लगाये जो मेरी आंखों में काजल।
सिंहासन लगता है मां की गोद,
मां का हाथ मेरे माथे का मुकुट,
पीयूष की धारा है मां का दूध,
धरती का स्वर्ग यही सुन ओ पागल।

17

 "शहादत"

कैसे थे वो वीर भारत के,
हंसते-हंसते गए फांसी पर झूल,
इस मातृभूमि का कर्ज चुकाने,
अपनी माता तक को गए भूल।
आंखों में सजाए आजादी के सपने,
हृदय में देशप्रेम के जज्बात लिए,
लड़ते रहे आखरी दम तक शत्रु से,
फिर सो गए लगाकर मातृभूमि का धूल।
भय भी जिनसे भय खाता था,
ऐसे थे वो भारत के वीर-बांकुरे,
मौत भी पहले दी होगी सलामी,
देवों ने भी बजाया होगा बिगुल।
होठों पर वंदे मातरम् का गीत सजाये,
वतन पर किया तन-मन-धन कुर्बान,
नहीं भुलाई जा सकती वीरों की शहादत,
वंदन है उनको, हैं अर्पित मन के फूल।

18

"हिंदी भारत के माथे की बिंदी"

हिंदी भारत के माथे की बिंदी,
विश्व के नभ पर उदितमान रहे,
भारत के भाव में बसने वाली हिंदी,
तुझ पर गर्वित यह हिंदुस्तान रहे।
देववाणी संस्कृत भाषा तेरी जननी,
मां की तरह तेरा भी विश्व में मान रहे,
भारत के भाव में बसने वाली हिंदी,
तुझ पर गर्वित यह हिंदुस्तान रहे।
भारत की संस्कृति में बसी भारत की बेटी,
हम भारतीयों को तुझ पर अभिमान रहे,
भारत के भाव में बसने वाली हिंदी,
तुझ पर गर्वित यह हिंदुस्तान रहे।
सरल, सरस, सहज, सुमधुर, सुंदर,
तेरे हर रूप की बढ़ती सदा शान रहे,
भारत के भाव में बसने वाली हिंदी,
तुझ पर गर्वित यह हिंदुस्तान रहे।
कवियों की वाणी, रस छंदों की भाषा,
हर युग में तेरी अपनी एक पहचान रहे,
भारत के भाव में बसने वाली हिंदी,

तुझ पर गर्वित यह हिंदुस्तान रहे।

तुझ पर गर्वित यह हिंदुस्तान रहे।

19

"चलो, दीये जलाते हैं"

जगमग-जगमग करते दीये,
हाथों में दीये की थाल लिए,
चलो, कहीं और चलते हैं,
अंधेरे घर में दीये जलाते हैं।
एक घर दिखता है दूर कहीं,
उस घर में कोई दीया नहीं,
बुझ गया सरहद की भूमि पर,
उसकी मां को आस बंधाते हैं।
चलो, उस घर में दीये जलाते हैं।
देखो, एक घर और भी है,
उस घर में बच्चों का शोर भी है,
पिता की साया से मरहूम ये बच्चे,
इनके होठों पर मुस्कान सजाते हैं।
चलो, उस घर में दीये जलाते हैं।
छूट रहा ऐसा भी एक घर,
जो नि:शब्द है गली के मोड़ पर,
मेहंदी नहीं लगी हाथों में बरसों से,
उन हाथों से आशीष हम पाते हैं।
चलो, उस घर में दीये जलाते हैं।

20

मेरे तिरंगे की शान क्या कहिए,
जग में सबसे यह न्यारा है,
तीन रंगों से सजकर यह,
और भी लगता प्यारा है।
केसर रंग से सज कर यह,
वीरों में साहस भरता है,
इसका श्वेत रंग जग को,
शांति का पाठ पढ़ाता है,
हरा रंग धरती की हरियाली,
जिसने भारत को संवारा है,
तीन रंगों से सज कर यह,
और भी लगता प्यारा है।
लेकर जब चलते वीर इसे,
दुश्मन की सांसे रुक जाती हैं,
फहराता है जब आसमान में,
दुनिया भी शीश नवाती हैं,
भारत का मंदिर और मस्जिद,
यह भारत का गुरुद्वारा है,
तीन रंगों से सज कर यह,
और भी लगता प्यारा है।

21

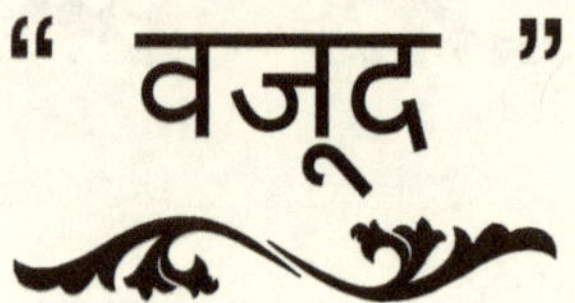

ढूंढती हूं मैं खुद में खुद ही को,
भटकती कस्तूरी मृग जैसी,
सावन ढूंढता है जैसे बदरी को,
पानी में जैसे मीन प्यासी।
हर तरफ शोर है तन्हा है मन,
चांद के एकाकीपन जैसी,
सफर में सब हैं और नहीं भी,
पत्तों पर शबनम की बूंद जैसी।
रातों के सन्नाटे गहरे हैं बहुत,
आंखों में काजल जैसी,
एक दिन मैं,मैं बनकर उभरूंगी,
सितारों के बीच इंदु जैसी।

22

"प्रेम"

मन का कोमल भाव है प्रेम,
सृष्टि का श्रृंगार है प्रेम,
जीवन के इस कंटीले वन में,
छायादार तरु का एहसास है प्रेम।
प्रेम नहीं स्वार्थ की कल्पना,
बस देने का ही नाम है प्रेम,
मीरा की भक्ति, प्रतीक्षा राधा की,
कृष्ण का सबका हो जाना है प्रेम।
प्रेम नहीं परिभाषा से बंधा,
उन्मुक्त उड़ान, उदार है प्रेम,
बहती हुई पीयूष की धारा,
तृष्णा की प्यास मिटाती है प्रेम।
प्रेम में मन जिसका भी डूबा,
भवसागर से पार कराता है प्रेम,
निश्छल, मधुर, पावन, उज्ज्वल,
हर भाव से निराला भाव है प्रेम।

23

"अपना भारत कैसा हो"

अपना भारत कैसा हो, राम राज्य के जैसा हो,
हर नारी सीता के जैसी, राम सरीखा हर नर हो।
रहे कोई न दीन-हीन, हर घर में उमा का वास रहे,
जिह्वा पर रहे मां शारदा, उर में करुणा की धार बहे
निश्छल मन मृदु वाणी हो, हर दिल हिंदुस्तानी हो,
हर नारी सीता के जैसी, राम सरीखा हर नर हो।
अपना भारत कैसा हो, राम राज्य के जैसा हो।
खेतों में हरियाली छाए, नदियों में निर्मल नीर बहे,
राष्ट्रभाव और भातृभाव से, हर हृदय गुलजार रहे,
भारत की यही कहानी हो,हृदय जवां अभिमानी हो
हर नारी सीता के जैसी, राम सरीखा हर नर हो।
अपना भारत कैसा हो, राम राज्य के जैसा हो।
संस्कारों का मान बढ़े, हमें अपना अतीत याद रहे,
लौटे भौतिक गलियों से,संस्कृति अपनी आबाद रहे
स्व भारत स्वाभिमानी हो, विश्व इसका अनुगामी हो
हर नारी सीता के जैसी, राम सरीखा हर नर हो।

24

"सबके बस की बात नहीं"

दर्द को अपना गीत बनाना,
सबके बस की बात नहीं,
अपने दिल को ही समझाना,
सबके बस की बात नहीं।
रूठ गया है यह जीवन जो,
इससे पार लगे कैसे,
रूठे जीवन को मनाना,
सबके बस की बात नहीं।
दिल भी कितना पागल है,
कभी हंसता कभी रोता है,
रोते हुए दिल को मनाना,
सबके बस की बात नहीं।
सोनी सड़कों से भी कोई,
देखो आहट आती है,
मन में यह विश्वास जगाना,
सबके बस की बात नहीं।
कितने सावन बीत गए,
कोई भी फूल खिला नहीं,
उजड़े गुलशन में फूल खिलाना,

सबके बस की बात नहीं।
यह जीवन है एक तमाशा,
अभिनय सबको करना है,
हर किरदार को दिल से निभाना,
सबके बस की बात नहीं।
जीने को सब जी लेते हैं,
जीने के एहसासों से,
मरने के बाद भी जिंदा रहना,
सबके बस की बात नहीं।

25

मैं तुलसी हूं तेरे आंगन की,
तुम माली इस उपवन के हो,
बिन तेरे मैं कुछ भी नहीं,
मैं इंतजार, तुम सावन हो।
मैं हूं किरण जगते भोर की,
तुम तेज पुंज प्रभाकर हो,
मैं संध्या हूं अलसाई सी,
तुम शीतल चंद्र निशा के हो।
मैं कली कुसुम की उनींदी सी,
तुम गूंजते भ्रमर प्रेम के हो,
मैं पहली बरखा हूं सावन की,
तुम उमड़ते-घुमड़ते बादल हो।

26

"बेटी"

देख विधाता तेरे हाथों की,
रची हुई नन्हीं कली हूं मैं,
खेलना था मुझे मां की गोद में,
फिर क्यों सड़कों पर पली हूं मैं।
लोग मनाते हैं बेटी दिवस,
बेटियों का है गुणगान करते,
मैं भी तो बेटी हूं किसी की,
फिर क्यों मुझे नजरअंदाज करते,
सोच रही हूं सड़कों पर बैठी,
क्या बेटी तेरी सौतेली हूं मैं,
खेलना था मुझे मां की गोद में,
फिर क्यों सड़कों पर पली हूं मैं।
जीवन तो शुरू हुआ भी नहीं,
अभी बाकी है पूरी कहानी,
दो रोटी के लिए भटक रही,
लिए सूखे होंठ आंखों में पानी,
बेटी हूं या मैं हूं गरीब शायद,
समझ ना पाई क्या पहेली हूं मैं,
खेलना था मुझे मां की गोद में,
फिर क्यों सड़कों पर पली हूं ।

27

"नारी तुम विश्वास हो"

नारी तुम विश्वास हो,
श्रद्धा हो अरदास हो,
तेरे दूध से फलती-फूलती सृष्टि,
तुम धरती आकाश हो।
नारी तुम विश्वास हो।
वैभवता की देवी हो तुम,
ज्ञान का भंडार हो,
देवों की माता तुम्हीं,
तुम धरती आकाश हो।
नारी तुम विश्वास हो।
तुम्हीं स्रटा, तुम्हीं कर्ता,
तुम पापों का संहार हो,
सृष्टि का आगाज तुम्हीं से,
तुम धरती आकाश हो।
नारी तुम विश्वास हो।
कोमलता की मूरत हो तुम,
अंतरिक्ष को भी भेदनेवाली हो,
हर क्षेत्र में वर्चस्वी तुम्हीं,
तुम धरती आकाश हो।
नारी तुम विश्वास हो।
पहचानो तुम रूप को अपने,

तुम ईश्वर का वरदान हो,
उमा, शारदा, शक्ति तुम्हीं,
तुम धरती आकाश हो।
नारी तुम विश्वास हो।

28

है यह जीवन बहता पानी,

है यह जीवन बहता पानी,
    अनहद अविरल इसकी रवानी,
    नहीं रुकता कभी किसी के रोके,
    हर किसी का जीवन एक कहानी।
    है यह जीवन बहता पानी।
    कभी हंसाए तो कभी रुलाए,
    पल भर में दुखी मन हर्षाए,
    भर देता है हर किसी का घाव,
    पर छोड़ देता है एक निशानी।
    है यह जीवन बहता पानी।
    कितना खोया, कितना पाया,
    मन आज तक समझ ना पाया,
    कस्तूरी मृग सा भाग रहा मन,
    खुशी के पीछे होकर दीवानी।
    है यह जीवन बहता पानी।

29

"तुम"

मेरे मन के सरवर में कोई,
खिलता हुआ कमल हो तुम,
सुर हो मेरी सांसों के साज के,
या कोई ग़ज़ल हो तुम।
मेरी आंखों की पलकों पर,
सजा हुआ सपना हो तुम,
मैं जिसे अपना कहती हूं,
हां, वही अपना हो तुम।
आत्मा में जो मेरी बसती है,
उस मूरत की सूरत हो तुम,
एक ही जरूरत जिंदगी की,
हां, वही जरूरत हो तुम।
मैं ढूंढ रही जिसे बरसों से,
मेरी वही तलाश हो तुम,
मैं सिमटी हुई सी धरती,
फैले हुए आकाश हो तुम।
मैं मंझधार में फंसी कश्ती,
और मेरा साहिल हो तुम,
तू सागर मैं सरिता तेरी,
मैं रास्ता, मंजिल हो तुम।
कैसे कहूं तुझसे मैं,

मेरे लिए क्या-क्या हो तुम,
मेरे अंधियारे जीवन में,
जलता हुआ दीया हो तुम।

मेरे लिए क्या-क्या हो तुम,
मेरे अंधियारे जीवन में,
जलता हुआ दीया हो तुम।

30
"बड़ों की छाया"

आंधी-तूफानों से लड़ना सिखाते,
हर मुश्किल में जो साथ निभाते,
सौभाग्यशाली वह जिसने है पाया,
हर मुश्किल में मिलती बड़ों की छाया।
धैर्य की प्रतिमा, अनुभव की खान,
देते सदा खुश रहने का वरदान,
जड़ बिन तरु कहां ऊंचाई को पाया,
हर मुश्किल में मिलती बड़ों की छाया।
मत करो अपमान दो उन्हें सम्मान,
देवतुल्य उनके चरण जिसमें चारों धाम,
उनसे ही तुमने यह जीवन है पाया,
हर मुश्किल में मिलती बड़ों की छाया।

31

"आस हर पल बिखर रही"

दिन के सूरज ढल रहे,
   रात की कालिमा छा रही,
उम्मीद के दीये बुझ रहे,
   आस हर पल बिखर रही।
वक्त से लम्हें छूट रहे,
   तिल-तिल ख्वाहिश जल रही,
सपने आंखों में पिघल रहे,
   आस हर पल बिखर रही।
गर्मों से रिश्ते जुड़ रहे,
   खुशी दामन छुड़ा रही,
तूफानों के कारवां चलते रहे,
   आस हर पल बिखर रही।
मन धुआं-धुआं हो रहे,
   रातें करवटें बदल रही,
आसमां से सितारे टूट रहे,
   आस हर पल बिखर रही।

32

"क्योंकि मैं स्त्री हूं"

क्या कभी देखा है तुमने,
टूटे हुए दर्पण में अपने अक्स को,
या फिर पिंजरे में कैद उस पंछी को,
जो फड़फड़ाती है अपनी आजादी के लिए,
या फिर नदी की उस तेज धारा को,
जो चट्टानों से बार-बार टकराती है,
अपना रास्ता पाने के लिए,
हां मैंने देखा है,
अपने टूटे सपनों के दर्पण में,
उदास अपने अक्स को,
महसूस किया है उस पंछी की फड़फराहट को,
जो पिंजरे में कैद छूना चाहती है आसमान,
और नदी की उस तेज धारा की तरह,
वक्त के चट्टानों से टकराकर,
खुद को हताश लौटते हुए,
महसूस किया है मैंने,
क्योंकि मैं एक स्त्री हूं।

33

"फुहार"

रिमझिम बारिश की फुहार,
दुल्हन के सोलह श्रृंगार,
चूड़ी, बिंदी, बिछिया, मेहंदी,
और पायल की झंकार।
मन को भाते कोयल की कूक,
दिल में इक मीठी सी हूक,
बहती शीतल मदमस्त पवन,
छेड़ जाते हैं मन के तार।
कोई उनसे जाकर ये कह दे,
प्रीत का एक संदेश सुना दे,
दुल्हन तेरी सज धज कर बैठी,
है कर रही तेरा इंतजार।
पिया के आंखों की नूर बनूं,
हृदय में उनके बस मैं बसूं,
और ना कोई चाह जीवन में,
मैं बनूं नैया और तू पतवार।

34

"इंतजार"

चांद का है इंतजार,
दुल्हन के सोलह सिंगार,
चूड़ी, बिंदी, बिछिया, मेहंदी,
और पायल की झंकार।
मन को भाते कोयल की कूक,
दिल में इक मीठी सी हूक,
बहती शीतल मदमस्त पवन,
छेड़ जाते हैं मन के तार।
कोई उनसे जाकर कह दे,
प्रीत का एक संदेश सुना दे,
दुल्हन तेरी सज धज कर बैठी,
है कर रही तेरा इंतजार।
पिया के आंखों की नूर बनूं,
हृदय में उनके बस में हीं बसूं,
और ना कोई चाह जीवन में,
मैं बनूं नैया और तू पतवार।

35

"ओस की बूंदें"

निश्छल नयनों में जैसे,
ठहरी हो अश्रु की बूंदें,
कोमल कोंपल पर ठहरी,
अनछुई सी ओस की बूंदें।
ठहरा हो जैसे मन में,
कोई छवि सलोना सा,
कोई दर्द ठहरा हो जैसे,
गहराई हो समन्दर सा,
फिर से उड़ने को बेताब,
ठहरे हुए मन के परिंदे,
कोमल कोंपल पर ठहरी,
अनछुई सी ओस की बूंदें।
ठहरे-ठहरे से जीवन में,
हलचल हुई तरंगों की,
ठहरी हुई सी रातों में,
दीप जले हैं ख्वाबों की,
चुरा ली किसी ने मुझसे,
दिन का चैन रातों की नींदें,
कोमल कोंपल पर ठहरी,
अनछुई सी ओस की बूंदें।

धन्यवाद

इस पुस्तक को पढ़ने के लिए धन्यवाद